Der heilige Nikolaus

Text und Illustrationen
von Monika Zünd

ANNETTE BETZ

Vor vielen hundert Jahren lebte in Myra, einer Stadt in Kleinasien, ein wohlhabender Kaufmann mit seiner Frau. Die beiden wurden von den Bewohner sehr geschätzt, da sie sich mit großer Fürsorge um die Armen und Bedürftigen in der Stadt kümmerten. Als das Ehepaar eines Tages einen Sohn bekam, nannten sie ihn Nikolaus.
Er war sehr hilfsbereit und fromm und als junger Mann beschloss Nikolaus Priester zu werden. Aber das Glück der Familie dauerte nicht lange. Eines Tages zog die Pest übers Land und die Eltern von Nikolaus wurden krank und starben.

Nachdem sich Nikolaus wochenlang ins Haus seiner Eltern zurückgezogen hatte, fasste er einen Entschluss.
Er verteilte alles, was er noch besaß, an die Armen und machte sich zu einer Pilgerfahrt ins Heilige Land auf.

Er war sehr lange unterwegs, denn bei Tag wurde es so heiß, dass er kaum noch weitergehen konnte, und in der Nacht litt er an der schrecklichen Kälte. Auch der Proviant ging ihm mehrmals aus. Dann hatte er oft tagelang nichts zu essen und zu trinken. Nach einigen Wochen erreichte er schließlich sein Ziel.

Irgendwann überkam Nikolaus aber starkes Heimweh und er nahm das nächstbeste Schiff zurück nach Myra.
Nikolaus wusste nicht, dass währenddessen der Bischof von Myra gestorben war und die Priester der Stadt sich versammelt hatten. Sie berieten, wer ihr nächster Bischof sein solle. Doch konnten sie sich lange nicht einigen, bis plötzlich ein Priester sagte:
»Jetzt weiß ich, es soll derjenige Bischof werden, der morgen Früh zuerst in die Kirche kommt.«
Die Priester waren erleichtert und warteten gespannt auf den nächsten Morgen …

Nikolaus verbrachte eine sehr unruhige Nacht. Immer wieder wachte er auf und fragte die Schiffsleute, ob sie schon da seien. Er konnte es nicht erwarten, die wunderschönen Dächer seiner Stadt zu sehen. Und dann, bei Sonnenaufgang, legten sie endlich im Hafen an. Nikolaus war überglücklich!
Aus Dank, dass er endlich wieder zu Hause war, ging Nikolaus direkt zur Kirche und wollte zu Gott beten. Aber wie staunte er, als ihn dort die Priester schon erwarteten! Und da er der Erste war, der an diesem Morgen in die Kirche kam, wurde Nikolaus der neue Bischof von Myra.

Nikolaus war ein guter Bischof und hatte bald das Vertrauen der Menschen gewonnen. Er betete für die Armen und ging zu jenen, die aus Krankheit nicht in die Kirche kommen konnten.
Aber schon einige Jahre später bahnte sich ein weiteres Unglück an. Vor der Stadt geriet ein Schiff in einen furchtbaren Sturm und drohte unterzugehen. Die Mannschaft glaubte, ihre letzte Stunde hätte geschlagen. So versammelte sie sich an Bord und betete ihre letzten Worte. Plötzlich aber stand ein Mann vor ihnen am Steuer, den sie noch nie gesehen hatten. Er blickte sie hoffnungsvoll an und brachte das Schiff sicher in den Hafen von Myra. Aber die Männer kamen gar nicht dazu, dem Mann zu danken – so plötzlich wie er gekommen war, war er auch wieder verschwunden.
Um Gott für dieses Wunder zu danken, gingen die Schiffsleute in die Kirche.
Doch als sie das Tor öffneten, trauten sie ihren Augen nicht: Vor ihnen stand ihr Retter und predigte: Es war Nikolaus!

Die damalige Zeit war für die Menschen in Myra sehr hart. Die Ernte war ausgeblieben und viele hatten kaum mehr etwas zu essen. Nikolaus war sehr besorgt darüber.
Eines Tages legte ein Handelsschiff im Hafen an. Es hatte große Weizensäcke an Bord, die aus Ägypten stammten. Nikolaus ging an Bord und sagte zu den Schiffsleuten: »Gebt mir aus jedem Sack nur zwei Hände voll und ihr werdet sehen, euch wird kein Körnchen fehlen.« Die Leute trauten dem Bischof zuerst nicht. Sollten sie ihm tatsächlich vom wertvollen Weizen geben? Doch dann merkten sie, dass es Nikolaus ernst meinte. Und wirklich: Nachdem er zweimal in jeden Sack gegriffen hatte, fehlte den Kaufleuten kein einziges Korn.
Es war ein Wunder: Nikolaus versorgte mit diesem Weizen die gesamte Bevölkerung von Myra. Keiner musste mehr Hunger leiden ...

Ein anderes Mal geschah es, dass Nikolaus zufällig hörte, dass ein Mann seine Schulden nicht bezahlen konnte und keinen anderen Ausweg sah, als seine drei Töchter zu verkaufen. Nikolaus war empört – er musste etwas dagegen unternehmen!
In der Nacht schlich er sich zum Haus des Mannes und warf drei Beutel mit Gold durch den Schornstein. Als die drei Mädchen am nächsten Morgen aufstanden, um die Hausarbeit zu erledigen, waren sie sprachlos. Nun konnten sie doch bei ihrem Vater bleiben.

Nikolaus liebte es, durch die Gegend zu wandern, und kehrte hin und wieder auch in einer Schenke ein. So auch an jenem Tag. Als er die Gaststätte betrat, fiel ihm allerdings sofort das merkwürdige Verhalten des Wirtes auf. Nikolaus wurde das Gefühl nicht los, dass der Wirt etwas zu verbergen hatte.
Schließlich erzählte der Wirt, was ihn so bedrückte: Er hatte drei Schüler getötet, die zu ihm in die Schenke gekommen waren, um mit Singen ein bisschen Geld zu verdienen. Der Wirt zögerte zuerst, führte Nikolaus aber dann doch zu dem Bottich, in die er die drei Buben gesteckt hatte. Was nun geschah, würde der Wirt nie wieder vergessen: Nikolaus berührte die toten Körper – und plötzlich kletterten die drei Schüler aus dem Bottich, als wäre nie etwas geschehen …

Noch heute wandert der heilige Nikolaus am 6. Dezember zu den Kindern um sie zu beschenken. Begleitet wird er von seinem Esel, der die vielen Päckchen trägt und ohne den der heilige Nikolaus es wahrscheinlich nicht schaffen würde, sie in einer Nacht an alle Kinder zu verteilen. Jedes Jahr steckt er kleine Geschenke in Schuhe oder Stiefel. Manchmal wirft er sie aber auch durch den Schornstein, so wie bei den drei armen Schwestern. Der heilige Nikolaus hat viele Namen – manche nennen ihn Santa Claus, Sinterklaas oder Klausenmann – aber alle greifen auf die Geschichte eines Mannes zurück.
Auf die Geschichte eines Heiligen, der vor langer Zeit den Menschen in ihrer Not half und viele Wunder bewirkte.